준비된 상속은
가족 간의 다툼을 없애고
정신적인 가치를 공유하며
행복한 삶을 누리는 이상적인
상속의 초석이 된다.

준 비 된 상 속

-27가지 상속세 절감의 지혜-

준 비 된 상 속

- 27가지 상속세 절감의 지혜 -

세무사 임승룡 지음

西以苑

이상적인 상속을 위하여

우리는 삶을 마무리하면서 다음 세대에게 유형 또는 무형의 유산을 물려주게 된다. 이는 물질적 가치의 유산과 정신적·문화적 가치의 유산으로 나눌 수 있다.

무형의 유산은 오랜 시간과 공간을 함께 공유하는 삶 속에서 전수되는 것이나, 우리가 살아오면서

쌓아온 경제적·물질적인 재산은 유형의 유산으로 남게 되고, 이를 다음 세대에 어떻게 물려주느냐에 따라 행복한 삶을 살기도 하고, 탐욕에 찬 불행한 삶을 살기도 한다.

만일, 다음 세대가 이상적인 상속을 통하여 행복한 삶을 살기를 원한다면, 먼저 가족 간에 신뢰를 바탕으로 한 충분한 대화를 나누고 준비된 상속절차가 이뤄지도록 노력해야 할 것이다.

그래서 상속의 준비를 온 가족이 모두 함께할 수 있다면 그 가치는 더욱 소중히 빛날 뿐만 아니라 가족에 대한 자긍심 또한 아주 클 것이다.

따라서 상속인은 피상속인으로부터 물질적인 재산을 상속받을 뿐만 아니라 동시에 문화적·정신적 유산도 함께 받는 것이기 때문에 그 유지를 받들어 명예를 훼손하는 일이 없도록 해야 한다.

그러므로 상속이 이루어지기 전에 피상속인과 상속인은 세밀한 준비를 해야 한다.

첫째, 가족 간에 화합과 조화를 이루도록 많은 시간을 함께하며 대화를 통해 서로 신뢰할 수 있도록 노력한다.

둘째, 피상속인의 정신을 상속인이 공유하도록 노력한다.

셋째, 상속전문 세무사나 전문가의 도움을 받아 상속을 준비한다.

넷째, 피상속인의 뜻을 담은 유언증서를 작성한다.

다섯째, 상속인 모두가 참여하는 상속이 진행되도록 한다.

이처럼 준비된 상속을 한다면 가족 간의 다툼을 없애고 정신적인 가치를 공유하며 행복한 삶을 누리는 이상적인 상속이 되리라 확신한다.

세무사 임 승 룡

제 2 장 상속세 절감의 지혜

제 3 장   상속세 사례분석

제 1 장
상속의 이해와 준비

만족한 삶을 살기 위해서는
일을 즐길 수 있을 정도의 충분한 건강,
필요를 충족시킬 수 있을 정도의 부(富),
어려움과 맞서 그것을 극복할 수 있을 정도의 힘,
죄를 고백하고 버릴 수 있을 정도의 은혜,
몇 가지 행복을 이룰 때까지 노력할 수 있을 정도의 끈기,
다른 사람에게 도움이 되는
사람이 될 수 있을 정도의 사랑,
하느님의 말씀을 현실로 만들 수 있을 정도의 믿음,
미래에 대한 모든 걱정 근심을 없앨 수 있을 정도의
희망이 충족되어야 한다.

— 괴테(Goethe) —

Ⅰ. 상속과 관련된 법률상식

1. 용어 설명

① **피상속인** : 사망 또는 실종선고를 받은 사람

② **상속인** : 피상속인의 재산을 상속받을 사람

③ **상속개시일** : 사망일 또는 실종선고일

④ **유언** : 피상속인의 사망과 동시에 법률효과를 발생시키는 의사표시로서 자필증서, 녹음, 공증, 비밀증서, 구수증서가 있음.

⑤ **대습상속** : 상속인이 상속개시 전 사망하여 그의 자녀나 배우자가 상속받는 것

⑥ **유증** : 유언에 의한 재산의 무상증여

⑦ **사인증여** : 생전에 당사자의 합의에 따라 증여 계약을 체결하고 증여자가 사망한 경우 그 효력이 발생하는 행위

⑧ **상속 포기** : 상속재산 및 부채에 대한 모든 권리의무의 승계를 거부하는 것

⑨ **한정승인** : 상속으로 취득할 재산의 한도에서 피상속인의 채무와 유증을 변제할 조건으로 상속받는 것

⑩ **협의분할** : 공동상속인의 전원이 참가하여 상속재산을 분할하는 것

⑪ **법정상속** : 협의분할이 이루어지지 않을 때 「민법」 제1009조에 규정된 법정상속분에 따라 상속재산을 분할하는 것

　ⓐ 같은 순위의 상속인이 여러 명인 때에는 그 상속분은 동일한 것으로 한다.

ⓑ 배우자가 직계비속과 공동으로 상속하는 때에는 직계비속의 상속분에 5할을 가산하고, 직계존속과 공동으로 상속하는 때에는 직계존속의 상속분에 5할을 가산한다.

❑ 법정상속분 예시

구 분	상속인	민법상	
		상속분	배분율
피상속인의 자녀 및 배우자가 있는 경우	배우자	1.5	3/7
	장남	1	2/7
	장녀	1	2/7
	배우자	1.5	3/11
	장남	1	2/11
	장녀	1	2/11
	차남	1	2/11
	차녀	1	2/11
피상속인의 자녀가 없고, 배우자 및 직계존속이 있는 경우	배우자	1.5	3/7
	부	1	2/7
	모	1	2/7

⑫ **기여분제도** : 공동상속인 중 상당한 기간 동거·
간호 그 밖의 방법으로 피상속인을 특별히 부양
하거나 피상속인의 재산의 유지 또는 증가에 특
별히 기여한 자가 있을 때에는 공동상속인의 협
의로 정한 기여분을 공제한 것을 상속재산으로
보고 법정상속분에 의하여 산정한 상속분에 기여
분을 가산하여 기여자의 상속재산으로 하는 것
협의되지 아니한 때에는 기여자의 청구에 의하여
가정법원에서 기여분을 결정

⑬ **유류분제도** : 타인에게 증여 또는 유증하려는
피상속인의 자의로부터 상속권이 있는 상속인
을 보호하기 위한 장치

2. 상속의 순위

① 유언상속

유언으로 상속인을 지정한 경우에는 유언상속이 우선한다. 유언이 없는 경우에는 「민법」에서 정한 순위에 따른다.

② 「민법」 제1000조(상속의 순위)

1순위 : 직계비속과 배우자

2순위 : 직계존속(직계비속이 없는 경우)과 배우자

3순위 : 형제자매(1, 2순위가 없는 경우)

4순위 : 사촌 이내 방계혈족(1, 2, 3순위가 없는 경우)

※ 직계비속과 직계존속이 모두 없는 경우에는 배우자가 단독 상속인이 된다.

※ 동순위 상속인이 여러 명인 경우 촌수가 다르면 촌수가 가까운 자가 먼저 상속인이 되고, 촌수가 같은 상속인이 여러 명이면 공동상속인이 된다.

3. 상속세의 계산구조

본래의 상속재산

(+) 간주상속재산   보험금·신탁재산·퇴직금

(+) 추정상속재산   법정요건을 충족하는 재산처분액 또는 채무부담액

총상속재산

(−) 비과세재산   금양임야, 묘토인 농지, 족보 및 제구

(−) 과세가액불산입재산   공익법인 출연재산

(−) 과세가액공제   공과금·장례비·채무

(+) 증여재산가산액   상속인 10년, 상속인 외 5년

상속세 과세가액

(−) 상속공제   일괄공제, 배우자공제, 금융재산상속공제 등

(−) 감정평가수수료

상속세 과세표준

(×) 세율   10%~50% 초과누진세율

산출세액

(+) 세대생략가산액   세대를 건너뛴 상속에 대하여 30(40)% 할증

상속세 산출세액

(−) 세액공제   증여세액, 외국납부세액, 단기재상속, 신고세액

(−) 문화재 등 징수유예세액

(+) 가산세   신고불성실·납부불성실

신고납부세액

(−) 연부연납신청세액   납부세액 2천만원 초과시

(−) 물납신청세액   납부세액 2천만원 초과 + 부동산·유가증권 비중 50% 초과시

차감납부세액

4. 상속세 세율

과 세 표 준	세 율	누진공제액
～ 1억원 이하	10%	0
1억원 초과 ～ 5억원 이하	20%	10,000,000
5억원 초과 ～ 10억원 이하	30%	60,000,000
10억원 초과 ～ 30억원 이하	40%	160,000,000
30억원 초과 ～	50%	460,000,000

예 상속세 과세표준이 2억원인 경우

2억원 × 0.2 - 1,000만원 = 3,000만원(상속세 산출세액)

 좋은 교육은
자녀에게 남기는 최고의 유산이다.

— 토마스 스코트 —

❑ 상속세 세금계산 구조

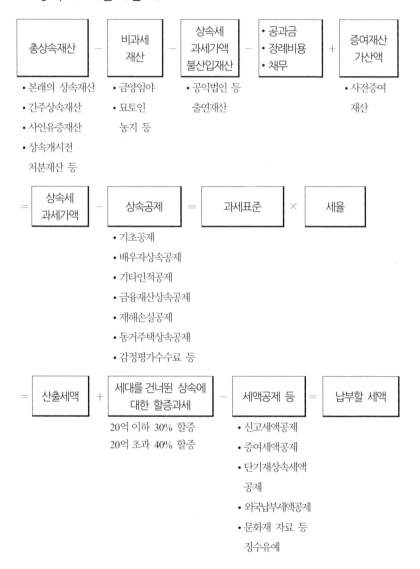

총상속재산	−	비과세 재산	−	상속세 과세가액 불산입재산	−	• 공과금 • 장례비용 • 채무	+	증여재산 가산액
• 본래의 상속재산 • 간주상속재산 • 사인유증재산 • 상속개시전 처분재산 등		• 금양임야 • 묘토인 농지 등		• 공익법인 등 출연재산				• 사전증여 재산

=	상속세 과세가액	−	상속공제	=	과세표준	×	세율
			• 기초공제 • 배우자상속공제 • 기타인적공제 • 금융재산상속공제 • 재해손실공제 • 동거주택상속공제 • 감정평가수수료 등				

=	산출세액	+	세대를 건너뛴 상속에 대한 할증과세	−	세액공제 등	=	납부할 세액
			20억 이하 30% 할증 20억 초과 40% 할증		• 신고세액공제 • 증여세액공제 • 단기재상속세액 공제 • 외국납부세액공제 • 문화재 자료 등 징수유예		

5. 상속공제 요약

종 류		공 제 금 액	공 제 한 도
① 기 초 공 제		2억원	
② 인 적 공 제	자 녀 공 제	자녀 1인당 5천만원	인원수 제한 없음
	미 성 년 자 공 제	19세에 달할 때까지의 연수 × 1천만원	인원수 제한 없음
	연 로 자 공 제	65세 이상 × 5천만원	인원수 제한 없음
	장 애 인 공 제	성별·연령별 기대여명 × 1천만원	인원수 제한 없음
③ 일 괄 공 제		5억원	Max(① + ②, ③)
④ 가 업 상 속 공 제		가업상속재산가액 × 100% (2014.1.1 이후)	200억원(가업영위기간 10년 이상) 300억원(가업영위기간 15년 이상) 500억원(가업영위기간 20년 이상)
⑤ 영 농 상 속 공 제		영농상속재산가액	15억원
⑥ 배 우 자 공 제	실제 상속받은 재산이 없거나 상속받은 금액이 5억원 미만인 경우	5억원	5억원
	실제 상속받은 금액이 5억원 이상인 경우	실제 상속받은 금액	① 상속재산 × 법정 상속지분 ② 30억원 Min(①, ②)
⑦ 금융 재산 상속 공제	순금융재산 2천만원 이하	순금융재산 전액	
	순금융재산 2천만원 초과	순금융재산의 20% 또는 2천만원 중 큰 금액	2억원
⑧ 동 거 주 택 상속공제		주택가액의 80%	5억원
⑨ 감 정 평 가 수 수 료		부동산	500만원
		서화, 골동품	500만원
		비상장주식평가	신용평가 기관별 각각 1,000만원

※ 2016년 세법 개정

- 자녀공제와 연로자공제는 1인당 3천만원에서 5천만원으로 한다.
  (연로자 연령은 60세에서 65세로 한다)
- 미성년자공제와 장애인공제는 연수에 5백만원에서 1천만원으로 한다.
  (미성년자 연령은 20세에서 19세까지로 한다)
- 동거주택상속공제는 주택가액의 공제율을 40%에서 80%로 한다. (5억원 한도)
- 영농상속공제 한도는 5억원에서 15억원으로 한다. 단, 가업상속과 영농상속공제를 동시에 적용하지는 아니함.

 우리는 형제로
함께 사는 법을 배워야 한다.
아니면 모두 멸망하고 만다.

— 토마스 스코트 —

Ⅱ. 상속의 준비

1. 상속준비가 필요한 것인가

상속은 경제적으로 성공한 삶을 살아온 사람에게 는 피할 수 없는 일이다.

상속은 언제 일어날지 예상할 수도 있지만 사고 나 질병 등 예상치 못한 상황 때문에 별안간 다가 올 수도 있다.

그러므로 준비된 상속이라면 여러 가지 사전조치로써 상속세를 절감할 수 있는 방안을 마련하고 상속재산을 잘 관리함으로써 상속인들의 삶에 보탬이 되고, 피상속인의 유지를 받들 수 있다.

반면에 준비 없는 상속이라면 가족 간의 이해 부족과 신뢰 부족으로 상속재산을 분할하는 데 다툼이 생겨 물리적인 싸움을 하거나 법적으로 해결해야만 하는 상황이 되어 오랫동안 소송을 진행해야 하는 경우가 있다.

또한, 준비 없는 상속이 이루어짐으로써 상속인들 간의 다툼, 잘못된 투자, 상속인의 상속재산 관리 무능력이나 어리석은 생각으로 인하여 고통을 겪을 수 있다.

따라서 부모들이 상속에 관하여 자녀들에게 어떻게 준비시켜야 할 것인지를 미리 생각하여야 한다.

어떻게 상속을 준비하느냐에 따라 상속받은 재산이 상속인들의 삶에 보탬이 되는 정도가 다를 수 있으며, 오히려 독이 되는 경우도 있다.

한편, 준비된 상속이 원만히 이루어진다면 상속인들 간의 다툼 없이 상속세를 최대한 절감할 수 있고 그에 따른 혜택 또한 상속인들에게 모두 돌아갈 수 있다.

이러한 준비된 상속을 진행하면 상속인들 상호 간의 믿음과 이해가 증진되고 가족 공동체로서의 삶이 질적으로 향상되어 행복한 삶의 조건이 충족될 수 있다.

상속에 관하여 제일 중요한 것은 첫째, 가족 상호 간의 믿음과 이해에 따른 상속재산의 분할이다. 둘째, 세금 문제다.

어떻게 상속을 준비하느냐에 따라 세금 부담의 크기가 달라지기 때문이다.

따라서 상속의 준비는 꼭 필요한 것이며, 상속세를 절감하고 상속재산을 유지 관리하기 위하여 많은 경험과 지식을 가진 상속전문 세무사와 함께 장·단기 계획을 준비하여 상속이 실행되도록 한다면 성공적인 상속이 이루어질 수 있다.

 이 세상에서 가장 훌륭한 질문은
바로 이것이다.
"내가 이 세상에 살면서
　잘할 수 있는 것은 무엇일까?"

— 벤저민 프랭클린(Benjamin Flanklin) —

2. 상속을 위한 플랜을 세우자

(1) 상속을 준비하자

가족 상호 간의 믿음과 대화를 통한 화합을 바탕으로 효율적인 상속을 준비한다면 성공적인 상속을 이룰 가능성이 매우 크다. 성공적인 상속을 위하여 상속전문 세무사와 함께 상속을 위한 계획을 수립할 때 고려해야 할 내용을 알아본다.

(2) 상속플랜의 내용

1) 준비된 상속플랜의 의미

상속의 경우에는 상속개시일이 본인의 의사로 결정되는 것이 아니므로 상속세에 관한 계획은 사정변경에 따른 가변성과 여러 가지 경제적인 여건 변화와 가족 구성원의 변동에 따른 불확실성이 동시에 존재한다.

따라서 부동산, 금융자산, 주식, 채권 등의 상속재산 구성별 변화와 피상속인의 건강 상태, 상속인 등의 변화를 고려하여 상속 플랜을 세우고, 상황의 변화에 따라 이를 수정함으로써 상속을 집행한 결과 상속세를 절감하고 상속재산이 상속인들의 행복한 삶에 이바지할 수 있도록 상속을 준비해야 한다.

 주어진 삶을 살아라.
삶은 멋진 선물이다.
거기에는 사소한 것은 아무것도 없다.

— 플로렌스 나이팅게일(Florence Nightingale) —

2) 유언증서 작성하기

피상속인이 상속에 대한 사전준비 없이 사망하더라도 상속재산의 분할문제로 다툼이 일어나지 않는다면 참으로 다행스럽겠지만, 현실적으로는 상속인들 간에 다툼이 발생하는 경우가 많다.

그러므로 피상속인의 사망으로 인하여 가족 간에 상속재산 분할문제로 싸우는 것을 방지하기 위하여 법률적으로 효력을 인정받을 수 있는 유언증서를 작성해 두어야 한다.

유언은 그 효력이 유언자의 사망을 원인으로 발생하기 때문에 사후에 유언증서 자체의 존부를 인정하는 문제와 유언증서 내용에 대한 유언자의 진의 등에 대하여 상속인들 간에 분쟁이 생길 여지가 없도록 상속전문가와 사전 상담을 통해 준비해야 한다.

3) 장기플랜 세우기

상속의 장기계획이란 상속이 10년 이상 지난 후에 발생하리라 예측되는 경우 어느 정도의 사전증여를 통한 상속세 절감 방안을 마련하는 것을 말한다.

특히 장기계획의 일환인 사전증여는 피상속인이 생전에 증여하는 것이므로 피상속인 본인의 의사에 따라 진행될 수 있으며, 사전증여 후 10년이 지나 상속이 발생한다면 사전증여 재산이 상속재산에 포함되지 아니하고, 10년 이상 기간의 가치 상승으로 인한 이익도 상속세 부담을 피할 수 있으므로 사전증여의 대상을 가치 상승이 예상되는 부동산이나 고수익·급성장 사업체의 지분을 우선으로 하는 것이 가장 바람직하다.

상속세는 현금으로 납부하지 못하는 경우에는 물납제도를 이용할 수 있다.

하지만 금융재산이 없어 부동산으로 물납하는 경우에는 상속재산을 시세보다 저평가된 가액으로 처분하는 결과가 된다. 그러므로 상속재산 대부분이 부동산으로 구성된 경우에는 일부를 미리 처분하여 금융재산으로 바꾸어 두는 것이 좋다.

그리고 피상속인을 피보험자로 하여 생명보험이나 종신보험 등의 보험 상품에 가입하여 두는 것도 좋다. 그러면 상속받은 부동산을 처분하지 않고도 상속세를 납부할 수 있는 재원을 마련할 수 있게 된다.

 가장 진실한 지혜는
사랑하는 마음이다.

— 찰스 디킨스(Charles Dickens) —

4) 단기플랜 세우기

「상속세 및 증여세법」은 상속인에게 10년 이내에 증여한 재산, 상속인 외의 자에게 5년 이내에 증여한 재산을 상속재산에 가산하도록 하고 있으므로 단기계획에 의한 이 기간 내의 사전증여는 장기계획의 경우보다 절세 효과가 작다.

단기계획에 따른 절세의 방법은 상속재산의 구성을 달리 하여 「상속세 및 증여세법」에 의한 상속재산의 평가방법을 이용하여 절세할 수 있다.

금융재산의 과다로 금융재산상속공제 한도를 초과하는 경우 미리 부동산을 취득하여 상속개시 당시 「상속세 및 증여세법」상 보충적 평가방법으로 상속재산을 평가하여 시가와의 차액에 대한 절세효과를 기대할 수 있다.

한편, 상속재산이 50%의 최고세율이 적용되는 상황이라면 세대를 건너뛴 손자에게 직접 유증을 하여 30%(상속·증여재산가액이 20억원을 초과하여 받은 경우 40%)의 할증된 상속세를 부담하더라도 상속인을 거쳐 손자에게 다시 상속되는 경우에 상속세를 부담하지 않아도 되므로 유리하다.

 숲을 걸었다.
길이 두 갈래로 갈라졌다.
나는 인적이 드문 길을 택했다.
그리고 모든 것이 달라졌다.

— 로버트 프로스트(Robert Frost) —

5) 상속재산을 어떻게 분할할 것인가

상속을 진행하고 있는 가족은 많은 경험과 지식을 갖춘 상속세 전문세무사의 도움을 받아 상속을 계획하고 진행하는 것이 바람직하다.

피상속인은 평생 노력하여 일궈온 재산이 자기 생각대로 분배되기를 희망한다.

그러나 자녀들의 생각은 부모들의 염려와 기대와는 다르다. 그러므로 피상속인은 상속인들과 많은 대화를 하여 자신의 재산에 대한 상속에서 상속인들의 올바른 이해와 성공적인 재산 분할을 이루도록 노력하여야 한다.

그런데 대부분 피상속인은 생전에 상속인들에게 자기 생각을 말하는 것을 불편해한다.

그러므로 믿음직한 상속전문 세무사의 도움을 받아 상속 준비계획을 세워 상속이 원만하게 실행되도록 함으로써 상속인들 간의 분쟁을 방지하고 상속인의 이해와 협조를 얻어 성공적인 상속을 이루도록 해야 한다.

상속재산의 분할은 1순위로 유언에 의한 상속을 하고, 2순위로는 상속인 간 협의분할에 의한다. 다만, 1순위 2순위의 상속이 이루어지지 않는 경우에는 「민법」에서 정한 상속순위에 따라서 법에서 정한 비율대로 상속재산을 분할한다.

 돈은

대개가 껍데기일 뿐
알맹이는 아니다.
돈으로 먹을 것을 살 수는 있지만
식욕은 살 수 없으며,
약은 살 수 있지만, 건강은 살 수 없다.
재물을 살 수는 있지만, 친구는 살 수 없고
하인은 살 수 있으나 충직함은 살 수 없다.
즐거운 날들은 살 수는 있으나 평화나 행복은 살 수 없다.

— 헨릭 입센(Henrik Ibsen) —

한편 1순위의 유언에 의한 상속이 있더라도 「민법」에서 정한 대로 상속인 중 피상속인의 배우자와 직계비속은 법정 상속분의 2분의 1, 피상속인의 직계존속과 형제자매는 법정 상속분의 3분의 1의 유류분권을 행사할 수 있다.

상속재산을 분할함에 있어서 어떤 재산을 누구에게 상속하느냐에 따라 영농상속공제, 배우자상속공제, 금융재산상속공제, 가업상속공제, 동거주택상속공제 등이 달라질 수 있다.

그러므로 상속세를 절감하기 위해서는 상속재산을 분할하기 전에 반드시 상속전문가의 도움을 받아 법에서 허용하는 최대한의 상속공제를 받을 수 있도록 상속재산을 협의 분할하여 성공적인 상속을 수행하도록 한다.

Ⅲ. 상속개시 전 절세 대책

1. 의 의

상속세를 절세하기 위한 대책은 10년 이상의 장기간에 걸쳐 시행해야 효과가 크므로 상속재산의 규모 및 가치변동에 대한 전망, 피상속인의 연령 및 건강상태, 상속인들의 자금 상황 등을 고려하여 상속전문 세무사의 도움을 받아 가능하면 하루라도 빨리 장·단기 상속 플랜을 수립하여 시행하는 것이 좋다.

2. 실천방안

① 유언장 만들기

② 사전증여하기

- 상속개시 전 10년 이전에 상속인에게 증여한 것과 상속개시 전 5년 이전에 상속인 외의 자에게 증여한 것은 상속세 과세가액에 합산되지 않는다.
- 부동산이 많은 경우에는 배우자나 자녀에게 미리 증여하는 것이 좋다.

③ 금융재산이 많은 경우 보험 등 정기금을 이용하는 것이 좋다.

④ 금융재산이 많은 경우 일부를 사전증여하거나 생명보험 등을 이용하는 것이 좋다.

⑤ 장기간 병원을 이용한 경우 피상속인의 재산으로 납부하거나 사망 후 내는 것이 좋다.

⑥ 임대용 부동산이 있는 경우 보증금이나 전세금을 많게 하고 그 금액을 금융자산으로 하면 채무공제와 더불어 금융재산상속공제를 받을 수 있다.

⑦ 비상장 중소기업의 주식이 있다면 가업승계의 방법을 강구해 본다.

⑧ 가업승계의 요건을 충족할 수 없다면 주식가치가 낮을 때 사전 증여하는 것이 좋다.

⑨ 피상속인이 영농인으로서 농지를 많이 보유하고 있다면 상속인이 영농후계자로 영농상속공제를 적용받을 수 있도록 준비한다.

⑩ 무주택자인 자녀가 있다면 10년 이상 1주택을 유지하며 동거하여 동거주택상속공제를 받을 수 있도록 한다.

⑪ 사망하기 1~2년 전에 재산을 처분하거나 예금을 인출한 경우에는 사용처에 대한 증빙을 철저히 갖추어야 한다.

3. 상속세 절감 효과

① 증여 후 10년이 경과된 사전증여재산의 가액은 상속세 과세가액에 포함되지 아니한다.

② 보험 등 정기금에 대한 평가로 상속세 과세가액을 줄일 수 있다.

③ 임대보증금 등 채무 공제액을 늘려 상속세 과세가액을 줄일 수 있다.

④ 주식가치가 낮은 때 가업승계 증여세 과세특례를 이용하면 주식의 가치 상승분에 대한 상속세를 절세할 수 있다.

⑤ 창업자금에 대한 증여세 과세특례를 이용하여 사전 상속함으로써 조기에 부의 이전을 실현하여 상속세를 절감할 수 있다.

⑥ 금융재산상속공제, 영농상속공제, 동거주택상속공제 등을 최대한 활용하여 상속세를 줄일 수 있다.

Ⅳ. 상속개시 후 절세 대책

1. 의 의

피상속인이 사망한 후에는 상속세를 절세하기 위한 방안이 많지는 않다. 상속이 개시된 후에는 모든 절차가 법에 따라 이루어지게 되므로 상속재산이 누락됨이 없어야 하고, 상속세 신고기한 내에 상속인들 간에 어떻게 협의분할을 하느냐에 따라 절세가 이루어지므로 법에서 허용하는 범위 안에서 어떻게 상속을 진행하느냐에 따라 가능한 한 절세할 수 있는 방법을 강구할 수 있을 뿐이다.

2. 실천방안

① 10년 이내의 사전증여재산이 누락되지 않도록 한다.

② 유언장이 있는 경우 즉시 유언장에 따라 소유권 이전등기를 할 수 있도록 한다.

③ 상속재산에 대하여 협의 분할하고자 하는 경우 상속인들 모두가 참여하여 협의분할계약서를 작성하여 소유권이전등기를 할 수 있도록 한다.

④ 상속재산에 대하여 협의분할이 안 되는 경우에는 「민법」상 법정상속분대로 소유권이전등기를 하도록 한다.

⑤ 상속세를 절세하기 위하여 배우자상속공제 한도를 고려하여 배우자에게 상속재산을 분할한다.

⑥ 장례비용이 500만원을 초과할 때에는 관련 증빙서류를 잘 챙겨두어야 한다.

⑦ 아파트와 같이 상속재산의 시가표준액과 시가의 차이가 큰 경우와 상속재산이 상속공제액에 미달하는 경우에는 감정평가를 고려하여야 한다.

⑧ 명의신탁재산이나 명의수탁재산이 있는지 확인하여야 한다.

⑨ 기업인이 피상속인인 경우에는 회사와의 자금거래를 반드시 검토하여 채권이 상속재산에서 누락되지 않도록 한다.

⑩ 상속세 신고 준비를 하면서도 절세하는 방안이 여러 가지 있고, 상속세는 부과결정제도를 채택하고 있는 세목이므로 과세관청에서 반드시 상속재산의 신고누락을 조사하므로 상속세 신고준비를 철저히 하여 상속세 조사를 받아 추징당하는 경우를 사전 예방하면서 절세하는 현명한 선택을 할 수 있도록 상속전문 세무사와 상담하여 상속세 신고준비를 한다.

3. 상속세 절감 효과

① 배우자 상속공제를 최대한 받을 수 있도록 상속 재산을 분할하여 상속세를 줄일 수 있다.

② 상속세 신고 시 누락하기 쉬운 사전증여재산이 나 근저당 채권 등을 챙겨 가산세를 물지 않도 록 한다.

③ 기준시가보다 시가가 낮을 경우 상속재산 평가 시 2 이상 감정평가기관의 평가를 받아 상속세 를 줄일 수 있다.

④ 상속재산이 상속공제액에 미달할 경우에는 상속 공제액 한도 내에서 상속일 현재의 시세를 반영 한 2 이상 감정평가기관의 평가를 받은 감정평 가액으로 상속세를 신고함으로써 상속세 부담 없이 양도소득세를 절감한다.

⑤ 상속세 신고기한 내에 상속재산을 협의 분할하여 상속공제를 최대한 받을 수 있도록 하여 상속세를 줄인다.

⑥ 배우자에게는 금융자산을 상속하여 상속세 납부재원으로 활용하여 재상속이 이루어질 때 상속세를 절감한다.

 비록 좁고 구부러진 길일지라도
사랑과 존경받는 길이라면
계속 걸어가라.

— 헨리 데이비드 소로(Henry David Thoreau) —

Ⅴ. 상속이 개시된 때 해야 할 일

1. 피상속인의 사망신고

사망일로부터 1개월 이내에 병원에서 발행하는 사망진단서를 첨부하여 시·군·구청에 신고하여야 한다.

2. 피상속인 재산조회

1) 피상속인 명의의 금융재산 확인하기

금융감독원, 국민은행, 삼성생명 고객프라자, 농협은행에 방문하여 금융거래조회를 신청한다.

❏ 구비서류

① 상속인이 신청하는 경우

- 사망신고 후 피상속인의 제적등본 및 신청인의 신분증
- 사망신고 전 사망진단서 및 가족관계증명서

② 대리인이 신청하는 경우

- 사망신고 후 피상속인의 제적등본 및 신청인의 신분증
- 사망신고 전 사망진단서 및 가족관계증명서
- 상속인 등의 인감도장이 날인되어 있는 위임장 및 위임자의 인감증명서
- 대리인의 신분증

 최고의 부는 건강이다.

─ 웨일즈 속담 ─

2) 피상속인 명의 부동산 확인하기

국토교통부 국토정보센터, 시·도 및 시·군·구청 지적부서를 방문하여 신청

❑ **구비서류**

① **피상속인이 신청하는 경우**
 - 사망신고 후 피상속인의 제적등본 및 신청인의 신분증
 - 사망신고 전 사망진단서 및 가족관계증명서

② **대리인이 신청하는 경우**
 - 사망신고 후 피상속인의 제적등본 및 신청인의 신분증
 - 사망신고 전 사망진단서 및 가족관계증명서
 - 상속인 등의 인감도장이 날인되어 있는 위임장 및 위임자의 인감증명서
 - 대리인의 신분증

3. 상속세 절세를 위한 상담하기

상속재산을 어떻게 평가하고 분할하느냐에 따라 상속세 부담액이 달라질 수 있으므로, 상속전문 세무사에게 상속세 신고 내용을 검토하여 줄 것을 의뢰하고 상담 받는다.

 언제라도 안녕할 수 있는
마음의 준비와
여분의 삶을
뜻밖의 선물로 받아들이는 마음으로
그렇게 삶을 살아야 한다.

― 마르쿠스 아우렐리우스 ―

4. 상속재산 분할하기

1) 유언증서가 있는지 우선 확인하여야 한다.

2) 상속인들 간에 상속재산의 분할을 협의하여 결정하여야 한다.

3) 상속인은 상속재산을 유언증서 및 협의분할 계약서에 의하거나 「민법」상 법정지분으로 상속개시일이 속하는 달의 말일부터 6개월 이내에 상속재산에 대한 취득세를 납부하고 상속을 원인으로 한 소유권이전 등기·등록을 하여야 한다.

 달란트를 숨겨두지 마라.
달란트는 쓰기 위해 주어진 것이다.

— 벤저민 프랭클린(Benjamin Franklin) —

4) 상속 등기·등록 시 준비해야 할 서류

① **피상속인**

제적등본, 피상속인 부(父)의 제적등본, 말소자 주민등록초본, 기본사항증명서, 가족관계증명서, 혼인관계증명서, 입양관계증명서, 친양자증명서

② **상속인**

가족관계증명서, 기본사항증명서, 주민등록등본, 인감증명서, 인감도장

③ **상속재산협의분할계약서**

법정지분으로 상속하지 아니하는 경우 반드시 작성함.

법정지분으로 상속할 경우는 인감도장이 아니어도 무방함.

④ **상속재산 관련 서류**

등기 : 상속재산 등기부 등본, 토지대장, 건축물대장

등록 : 상속재산 등록원부, 예금통장

5. 상속세 신고 납부하기

1) 세무사에게 상속세 신고 내용에 대하여 검토하여 줄 것을 의뢰하고 사전상담으로 확인한 내용에 따라 재산 분할을 함과 동시에 상속재산을 평가하여 상속재산에 대한 상속세 과세표준과 세액을 산출하여 신고 후 납부하여야 한다.

2) 상속세 납부할 재원을 마련하기 위하여 생명보험, 종신보험을 이용하거나 임대용 부동산을 사전 증여하여 임대수입 등을 상속세 재원으로 활용할 수 있는 금융자산으로 관리하여야 한다.

3) 상속인들 간에 협의하여 분할한 상속재산의 지분대로 상속세를 납부하여야 한다.

4) 상속세 신고는 사망일이 속하는 달의 말일부터 6개월 이내에 해야 한다. 다만, 상속인들이 모두 외국에 주소를 둔 경우에는 9개월 이내에 하면 된다.

5) 상속세 신고 시 필요한 서류

① 제적등본, 가족관계증명서, 상속인 전원의 주민
　등록등본
② 금융기관(은행, 보험, 증권 등)의 사망일 현재의 잔
　고증명 및 채무증명서
③ 피상속인과 상속인의 10년간 금융거래내역
④ 개인 사업을 경영한 경우 사망일 현재의 재무제
　표와 자산 및 부채 명세서
⑤ 법인을 경영한 경우 사망일 현재의 재무제표와
　최근 3년간 결산서, 주주명부, 퇴직금 원천징수
　영수증, 부동산 명세서
⑥ 토지대장, 건축물관리대장, 토지등기부 등본, 건
　물등기부등본, 임대차계약서
⑦ 채권에 대한 담보나 매매예약으로 부동산을
　가등기하거나 근저당을 설정한 채권에 대한
　약정서

⑧ 피상속인의 10년 이내에 처분한 부동산 매매계약서 및 2년 이내에 인출한 예금 및 처분 부동산 매매대금 사용처

⑨ 사망일부터 10년 이내에 상속인에게 증여한 사실이 있거나 5년 이내에 상속인 이외의 자에게 증여한 사실이 있는 경우 증여세 신고서

⑩ 상속개시일 전에 피상속인이 자녀에게 창업자금으로 증여한 재산가액이 있거나 피상속인이 자녀에게 가업승계 주식 등으로 증여한 재산가액이 있는 경우 증여세 신고서

⑪ 공과금 및 장례비용 영수증

 사랑이 넘치면

즐거운 마음이 샘솟지 않을 수 없다.

— 마더 데레사(Mother Teresa) —

제 2 장

상속세 절감의 지혜

적당한 돈은

당신을 떠받칠 것이다.

하지만 더 많이 가질수록

당신이 그 돈을 떠받쳐야 한다.

— 영국속담 —

Tip 1 상속재산의 평가에 유의

　상속세 또는 증여세가 부과되는 재산가액의 평가
는 상속일 또는 증여일 현재의 시가에 의함이 원칙
이다.

　그러므로 사망일(증여세는 증여일)이 임박해서는 될
수 있으면 재산을 처분하거나 담보로 제공하지 않는
것이 좋다.

　왜냐하면, 상속일 또는 증여일 전후 6개월(증여재
산은 3개월) 이내의 기간 중 매매·감정·수용·경
매·공매가 있었을 경우 그 가액을 시가로 보기 때
문에 상속세(증여세)가 많아질 수 있다.

| Tip 2 | 부동산의 평가로 절세하는 방법 |

상속재산의 평가는 시가에 의함이 원칙이나 시가를 알 수 없는 경우에 일반적으로 토지는 개별공시지가로, 건물은 국세청장이 산정·고시한 가액으로 한다.

따라서 부동산이 많아 상속세를 줄이려는 방편으로 자녀에게 사전증여를 하고자 한다면 부동산의 가격 상승이 높게 예상되는 물건을 먼저 증여하여 10년 이상 지나면 상속재산으로 가산되지 않으므로 상속세를 많이 절세하면서 고가의 부동산을 물려줄 수 있다.

또한, 공시지가도 새로운 고시가 있을 때마다 가격이 오르는 것이 일반적이므로 공시지가나 기준시가가 고시되기 전에 증여하는 것이 세금을 줄일 수 있는 방법이다.

 돈을 모으는 것은
바늘로 땅을 파는 것과 같다.
돈을 쓰는 것은
모래에 스며드는 물과 같다.

—일본 속담—

Tip 3 생명보험을 활용

피상속인이 생명보험 계약자로 되어 있거나 실질적으로 피상속인이 보험료를 지급한 경우에는 생명보험금도 상속재산에 들어간다.

피상속인이 보험료를 일부만 부담한 경우에는 부담한 비율에 따라 안분한 보험금을 상속재산으로 본다.

생명보험금은 피상속인의 사망을 원인으로 수령할 수 있는 보험금이므로 상속세를 납부할 수 있는 재원으로 사용할 수 있다.

부동산을 상속하게 되는 경우에도 보험금이 있다면 부동산을 처분하지 않아도 된다.

Tip 4   배우자상속공제를 최대 활용

배우자상속공제는 배우자가 상속재산으로 실제 상속받은 금액을 공제하되, 배우자의 법정상속지분을 한도로 하고, 최고 30억원을 한도로 한다.

> **배우자상속공제한도** =
> 상속재산의 가액 × 배우자 법정상속지분 − 상속개시 전 10년 내에 배우자에게 증여한 재산에 대한 과세표준

배우자가 상속받은 금액이 없거나 5억원 미만인 경우에는 5억원을 공제한다.

배우자상속공제는 배우자가 상속받은 재산을 한도로 하고 있으므로 배우자의 상속재산은 상속세를 신고하기 전에 반드시 등기·등록을 하여야 한다.

 경험을 통해 내가 직접 깨달은바,
누구나 꿈을 이루기 위해 자신 있게 밀고 나가고,
원하는 삶을 살기 위해 열심히 노력하면
언젠가는 뜻밖의 성공을 거두게 된다.

— 헨리 데이비드 소로(Henry David Thoreau) —

Tip 5 · 금융재산상속공제를 최대 활용

예금 · 적금 · 보험금 · 주식 · 채권 등 금융재산을 상속세 신고 시 신고하면 원칙적으로 순금융재산 (금융재산 – 금융채무)가액의 20%를 상속재산에서 공제하되 순금융재산가액이 2천만원 이하인 경우에는 전액을 공제하고, 순금융재산가액이 2천만원을 초과하는 경우 최고 2억원을 한도로 한다.

상속재산을 금융재산으로 준비한다면 상속세 납부 재원으로 사용 가능하여 상속인이 상속되는 부동산을 처분하지 않아도 되므로 피상속인이 물려주는 가문의 전통을 계승하는 데 바람직하다.

❏ 금융재산상속공제의 내용

순금융재산가액	공제액	과세가액	비 고
1천만원	1천만원	—	
2천만원	2천만원	—	
1억원	2천만원	8천만원	
10억원	2억원	8억원	
20억원	2억원	18억원	

※ 2016년 개정세법

상속세 과세표준 신고기한까지 신고하지 아니한 타인 명의의 금융재산은 상속공제대상에서 제외

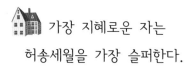 가장 지혜로운 자는

허송세월을 가장 슬퍼한다.

— 단테(Dante) —

Tip 6　단기재상속공제가 가능

　상속받은 후 10년 이내에 상속받은 자의 사망으로 다시 상속되는 경우에는 전에 상속세가 부과된 상속재산 중 재상속분에 대한 전의 상속세 상당액을 산출세액에서 공제해 준다.

❏ 단기재상속공제율

재상속기간	공제율	재 상속기간	공제율
1년 이내	100분의 100	6년 이내	100분의 50
2년 이내	100분의 90	7년 이내	100분의 40
3년 이내	100분의 80	8년 이내	100분의 30
4년 이내	100분의 70	9년 이내	100분의 20
5년 이내	100분의 60	10년 이내	100분의 10

Tip 7 | 영농상속공제를 활용

　영농상속공제를 적용함에 있어서 영농에 종사하는 상속인은 상속개시일 현재 18세 이상이고 상속개시일 2년 전부터 계속하여 직접 영농에 종사한 사람으로서 영농·영어 및 임업 후계자를 말하며, 영농상속 재산가액이 15억원을 초과하는 경우에는 15억원을 상속세 과세가액에서 공제한다.

　이때 직접 영농에 종사한 사람이 총급여와 사업소득의 합계액이 연간 3,700만원 이상인 경우에는 영농에 종사하지 않은 것으로 간주한다.

※ 2016년 세법 개정
- 2016년 1월 1일 이후 상속분부터는 공제한도를 5억원에서 15억원으로 한다.

Tip 8 동거주택상속공제를 활용

상속개시일 현재 무주택자로서 피상속인과 동거 중인 상속인(직계비속에 한정함)이 상속개시일로부터 소급하여 10년 이상 피상속인과 계속하여 하나의 주택에서 동거한 1세대 1주택을 상속받은 경우 5억원 한도 내에서 주택가액(부수토지가액 포함)의 80%를 동거주택상속공제한다.

※ 2013년 1월 1일 이후 상속분부터는 상속개시일 전 10년 기간 중 피상속인이 무주택인 기간도 포함.

※ **2016년 세법 개정**
  • 2016년 1월 1일 이후 상속분부터는 주택가액의 80%(종전 40%)를 동거주택상속공제액으로 한다. (5억원 한도)
  • 동거기간에 상속인이 미성년자인 기간은 제외

| **Tip 9** | 상속개시일 전 처분재산 등의 상속 추정 |

피상속인이 재산을 처분하여 받은 금액이나 피상속인의 재산에서 인출한 금액이 상속개시일 전 1년 이내에 재산종류별로 계산하여 2억원 이상인 경우와 상속개시일 전 2년 이내에 재산종류별로 계산하여 5억원 이상인 경우로서 용도가 객관적으로 명백하지 아니한 경우에는 이를 상속인이 상속받은 것으로 추정하여 상속세 과세가액에 산입한다.

그러므로 사망하기 1년 또는 2년 이내에 재산을 처분하거나 예금 등을 인출하는 경우 그 금전을 사용한 증빙을 갖추어야 한다.

사용 용도를 입증하지 못한 부분에 대해서는 상속인에게 현금을 상속한 것으로 본다는 것이다.

* **재산종류별**

  ① 현금·예금 및 유가증권

  ② 부동산 및 부동산에 관한 권리

  ③ 무체재산권, 기타 재산

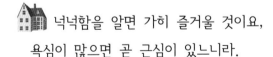 넉넉함을 알면 가히 즐거울 것이요,
욕심이 많으면 곧 근심이 있느니라.

— 경행록 —

Tip 10 | 상속재산보다 채무가 많으면 상속 포기

피상속인의 상속재산보다 채무가 많은 경우에는 상속을 포기해야 한다.

상속 포기란 상속개시 당시부터 상속인이 아니었던 것과 같은 효력을 발생하는 단독의 의사표시로서 상속개시가 있음을 안 날로부터 3개월 이내에 가정법원에 상속 포기신고를 해야 한다.

피상속인이 남겨놓은 재산보다 부채가 더 많을 경우에 상속 포기나 한정승인을 하지 않으면 재산과 부채 모두 상속인이 물려받게 된다.

이렇게 되면 상속인이 상속받은 재산이 아니라 상속인 고유의 재산으로 피상속인의 채무를 상환하여야 할 의무가 생기기 때문이다.

공동상속의 경우에도 각 상속인은 단독으로 상속을 포기할 수 있다. 상속을 포기하면 처음부터 상속인이 아니었던 것으로 본다.

공동상속의 경우 어느 상속인이 단독으로 상속을 포기한 때에는 그 포기한 자의 상속분은 다른 상속인의 상속분의 비율로 각 상속인에게 귀속하게 되므로 다른 공동상속인도 상속 포기신고를 하여야 한다.

또한, 후순위 상속인은 선순위 상속인이 상속 포기신고를 하지 아니한 경우라도 선순위 상속인보다 먼저 또는 선순위 상속인과 동시에 상속 포기의 신고를 할 수 있다.

Tip 11 | 채무가 얼마인지 모르면
한정승인

상속인이 상속으로 취득할 재산의 한도에서 피상속인의 채무와 유증을 변제할 조건으로 상속받는 것을 한정승인이라 한다.

따라서 채무가 얼마인지 모르는 경우 한정승인을 하면 상속재산보다 부채가 많다 하더라도 상속인의 고유재산을 처분하면서까지 피상속인의 채무를 변제하지 않아도 된다.

상속인이 한정승인을 하려면 상속개시가 있음을 안 날로부터 3개월 이내에 상속재산의 목록을 첨부하여 상속개시지의 가정법원에 한정승인의 신고를 해야 한다.

Tip 12 상속재산으로 합산되지 않도록 사전증여

다음에 해당하는 증여재산가액은 상속재산가액에 가산하도록 하고 있다.

① 상속개시일 전 10년 이내에 피상속인이 상속인에게 증여한 재산가액

② 상속개시일 전 5년 이내에 피상속인이 상속인이 아닌 자에게 증여한 재산가액

사전 증여받은 상속인이 상속을 포기한 경우에도 피상속인이 상속인에게 증여한 재산가액은 상속재산가액에 가산한다.

상속세 과세가액에 가산하는 증여재산에 대하여 증여세가 부과되지 아니한 경우 해당 증여재산에 대하여 증여세를 먼저 과세하고, 그 증여재산가액을 상속세 과세가액에 가산하여 상속세를 부과한다. 이때 상속재산가액에 합산되는 증여재산에 대한 증여세액은 상속세 산출세액에서 공제한다.

따라서 상속개시일로부터 10년 이전에 이루어진 증여는 상속세 계산 시 합산과세하지 아니하므로, 가치 상승이 예상되는 재산을 사전에 증여하는 것을 적극적으로 고려하는 것이 좋다.

 정직만큼 부유한 유산도 없다.

— 윌리엄 셰익스피어(William Shakespeare) —

Tip 13   금양임야나 묘토인 농지를 제주에게 상속

상속재산 중에 선산이나 조상들의 묘지가 있는 농지가 포함되어 있는 경우 다음과 같은 요건을 충족하는 금양임야와 묘토인 농지, 족보와 제구에 대하여는 상속세가 과세되지 않는다.

① 금양임야

- 피상속인이 제사를 모시고 있던 선조의 분묘 주변의 임야이어야 한다.
- 제사를 주재하는 상속인(공동으로 제사를 주재하는 경우에는 그 공동상속인 전체)을 기준으로 9,900㎡까지만 비과세된다.

② 묘토인 농지

묘토란 묘지와 인접한 거리에 있는 것으로서 제사를 모시기 위한 재원으로 사용하는 농지를 말하며, 다음과 같은 요건을 충족하여야 한다.

- 피상속인이 제사를 모시고 있던 선조의 묘제 (산소에서 지내는 제사)용 재원으로 사용하는 농지이어야 한다.

- 제사를 주재하는 자에게 상속되어야 한다.

- 제사를 주재하는 상속인을 기준으로 1,980㎡까지만 비과세 된다.

이와 같은 선산인 금양임야와 묘토인 농지를 집안의 종손이 상속받는 경우에는 상속세를 비과세한다.

따라서 상속재산 중에 조상의 무덤이 있는 선산이 포함되어 있는 경우에는 비과세받을 수 있는 금양임야와 묘토인 농지는 제사를 주재하는 자에게 상속해 주면 상속세를 절감할 수 있다.

다만, 금양임야와 묘토인 농지의 재산가액의 합계액이 2억원을 초과하는 경우에는 2억원까지만 비과세한다.

③ 족보와 제구

제사를 주제하는 자가 승계한 족보와 제구의 재산가액은 비과세한다.

다만, 족보와 제구의 재산가액의 합계액이 1천만원을 초과하는 경우에는 1천만원을 한도로 한다.

 지금
가지고 있는 것으로
현재의 위치에서 최선을 다하라.

— 시어도어 루스벨트(Theodore Roosevelt) —

Tip 14 | 창업자금에 대한 증여세 과세 특례 활용

　18세 이상인 거주자가 대통령령으로 정하는 중소기업을 창업할 목적으로 60세 이상의 부모로부터 30억원 한도 내에서 창업자금을 증여받아 창업하는 경우에는 10% 세율로 과세하고 추후의 상속시 증여 당시 평가액을 상속세로 정산하여 과세하도록 하는 창업자금에 대한 과세특례제도를 활용한다.

　증여세 과세특례가 적용된 창업자금은 일반증여재산과 합산하지 아니하고 상속세로 정산하는 경우에도 가산하는 증여재산가액으로 보지 아니한다.

따라서 창업자금에 대한 증여세 과세특례를 받은 자금으로 인한 가치 증가분에 대하여는 원칙적으로 상속세 또는 증여세가 과세되지 않는 것이므로, 창업으로 인한 가치의 증가가 예상되는 경우 창업자금의 증여를 적극적으로 고려한다.

※ **2016년 개정세법**
- 10명 이상 고용시 50억원까지 10% 특례세율을 적용

 삶을 발전시켜 주는
가장 큰 힘은
자신이 가진 확실한 능력이다.

— 헨리 데이비드 소로(Henry Daid Thoreau) —

Tip 15 가업승계에 대한 증여세 과세 특례 활용

　18세 이상인 거주자가 가업을 10년 이상 계속하여 영위한 60세 이상의 부모로부터 해당 가업의 승계를 목적으로 주식 또는 출자지분을 증여받고 가업을 승계한 경우에는 증여세 과세가액(100억원을 한도로 함)에서 5억원을 공제하고 세율은 10%(과세표준이 30억원을 초과하는 경우 그 초과금액에 대해서는 20%)로 하여 증여세를 부과한다.

　일반 증여재산은 10년 이내 증여분만 상속세 과세가액에 합산하지만, 증여세 과세특례가 적용된 주식 등은 증여기간에 관계없이 증여 당시 평가액이 상속세 과세가액에 산입하여 상속세로 다시 정산한다.

다만, 가업승계에 대한 증여세 과세특례에 있어 주식 등은 증여일 전 10년 이내에 동일인으로부터 받은 증여재산가액과 합산하여 과세하지 아니하며, 상속공제 종합한도액 계산 시에도 가산하는 증여재산가액으로 보지 아니한다.

또한, 증여세 과세특례대상인 주식 등을 증여받은 후 상속이 개시되는 경우 상속개시일 현재 가업상속요건을 모두 갖춘 경우에는 가업상속공제도 받을 수 있다.

따라서 가업인 주식발행법인이 미래의 가치가 증가할 것으로 예상하는 경우에는 적극적으로 가업의 승계에 대한 증여세 과세특례제도를 활용한다.

 길을 잃는 것은
길을 찾는 한 가지 방법이다.

— 아프리카 속담 —

Tip 16   임대용 건물은 임대_(전세)보증금이 많은 것이 좋다

임대용 부동산을 상속받는 경우 상속인은 임대차계약이 만료되면 보증금을 반환해야 할 의무가 있으므로, 「상속세 및 증여세법」에서는 이를 피상속인의 부채로 보아 상속세를 계산할 때 공제해 준다.

따라서 임대차계약을 할 때 보증금(전세금)을 많이 받는다면 공제받을 수 있는 채무액이 많아지고, 받은 보증금을 금융재산으로 상속한다면 금융재산 상속공제를 추가로 받을 수 있으므로 상속세를 줄일 수 있다.

Tip 17 상속부동산가액이 상속공제액 보다 적은 경우

상속받을 부동산의 가액이 상속공제액에 미달하는 경우에도 상속세를 신고하는 것이 좋다. 혹시 상속세 신고기한 경과 후 상속재산이 있는 것을 추가로 알게 되는 경우를 생각해야 한다.

또한, 이처럼 상속받을 부동산의 가액이 상속공제액에 미달하는 경우에는 기준시가보다 시가가 높다면 나중에 양도 시 양도차익에 대한 양도소득세를 절감하기 위하여 상속공제를 최대한 활용하여 상속받을 부동산을 감정평가하여 시가대로 상속세를 신고하는 것이 좋다.

Tip 18 | 손자에게 증여하여 상속세 줄이기

손자는 아들(딸)인 직계비속이 있는 경우에는 세대를 건너뛴 직계비속이므로 상속인이 될 수 없다. 그러므로 상속인 외의 자에게 5년 이내에 증여한 재산을 상속재산에 가산하도록 하고 있다.

따라서 손자에게는 직계비속에 대한 증여의 30%(40%) 할증과세를 부담하더라도 증여일로부터 5년이 경과하면 상속재산에 가산되지 않으므로 상속세를 줄일 수 있다.

※ 2016년 세법 개정
- 미성년자에 대한 세대생략 할증률 조정
  20억원을 초과하는 경우 30%에서 40%로 인상

Tip 19 손자에게 유증이 있는 경우 취득세 납부

피상속인의 아들(딸)인 직계비속이 있는 경우에는 아들(딸)이 상속인이 되고 손자는 세대를 건너뛴 직계비속이므로 상속인이 될 수 없다.

그러므로 할아버지가 손자에게 유증을 한 경우에는 상속일이 속하는 달의 말일부터 6월 이내가 취득세 신고납부기한이 아니라 증여일(사망일)로부터 60일 이내에 취득세를 신고납부하고 소유권이전등기를 하여야 한다.

Tip 20 | 상속부동산의 시가가 기준시가 보다 낮은 경우

상속받을 토지의 시가가 공시지가보다 낮은 경우, 아파트의 시가가 기준시가보다 낮게 형성되는 경우에는 기준시가대로 상속세를 부담하지 않아도 된다.

이러한 경우에는 상속세를 신고할 때 공시지가나 아파트 기준시가로 하여 상속세를 부담할 필요가 없고 감정평가기관에 의뢰하여 기준시가보다 낮은 시가로 감정평가하여 상속세 부담을 줄일 수 있다.

Tip 21 증여공제를 이용하여 배우자나 자녀에게 증여

피상속인 소유의 재산을 사전에 배우자나 자녀에게 증여하면 상속재산이 줄어들게 되므로 당연히 상속세도 줄어든다.

그러나 증여를 하면 증여공제를 받고 증여세가 과세되지만 상속일로부터 10년 내의 증여재산은 상속세를 계산할 때 상속재산에 포함시키기 때문에 증여의 효과가 작아진다.

하지만 증여재산이 가치가 지속해서 상승이 예상되는 경우에는 상속세 절감 효과가 커진다.

또한, 배우자 또는 자녀에게 증여 후 10년이 경과한다면 상속재산에 포함시키지 않기 때문에 상속재산이 줄어들어 상속세 절감 효과가 매우 커진다.

 의심은 배신자이다.
의심은 시도할 마음조차 사라지게 만들어,
손에 넣을 수도 있었던 행복을 놓치게 한다.

— 윌리엄 셰익스피어(William Shakespeare) —

Tip 22 타인에게 신탁한 재산도 상속재산으로 본다

피상속인이 타인에게 신탁한 재산을 상속재산으로 본다.

다만, 타인이 신탁의 이익을 받을 권리를 소유하고 있는 경우 그 이익에 상당하는 가액은 상속재산으로 보지 아니한다.

또한, 피상속인이 신탁으로 인하여 타인으로부터 신탁의 이익을 받을 권리를 소유하고 있는 경우에는 그 이익에 상당하는 가액을 상속재산에 포함한다.

Tip 23 근저당 또는 가등기 권리 확인

피상속인이 자금을 대여하고 부동산을 담보로 근저당한 권리나 가등기한 권리는 상속재산이므로 근저당이나 가등기를 담보로 타인에게 자금을 대여한 채권은 상속재산에서 누락되지 않도록 하여야 한다.

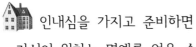 인내심을 가지고 준비하면
자신이 원하는 명예를 얻을 수 있다.

— 장 데 라 브뤼에르(Jean de La Bruyere) —

Tip 24 상속재산을 협의분할

상속재산의 협의분할은 「민법」상 상속지분을 초과하여 상속받은 사람에 대한 증여세 과세문제가 발생하지 않는다.

그러나 「민법」상 상속지분대로 상속등기하고 각 상속인의 상속지분이 확정된 후에 다시 협의분할하여 어떤 상속인이 「민법」상 상속지분을 초과하여 상속재산을 취득하면 증여세 문제가 발생한다.

다만, 상속세 신고기한 내에 그러한 변동이 일어나고 이를 경정등기하고 상속세 신고를 했다면 증여세 문제는 발생하지 않는다.

Tip 25 유류분제도로 상속인 권리 보호

　유언에 의하여 재산을 상속하는 경우 피상속인의 의사가 지나치게 감정에 치우치게 되면 여러 사람의 상속인 중 한 사람에게만 재산을 상속하거나 타인에게 전 재산을 유증함으로써 사회적으로 바람직하지 못한 상황이 발생할 수 있다.

　그래서 「민법」에서는 각 상속인이 최소한도로 받을 수 있는 상속분을 법으로 정하여 상속인의 권리를 보호해 주고 있다. 이를 "유류분제도"라고 한다.

상속권 있는 상속인의 유류분은 다음과 같다.

① 피상속인의 배우자 및 직계비속 : 법정상속분의 2분의 1

② 피상속인의 직계존속 및 형제자매 : 법정상속분의 3분의 1

 수단을 더 동원할 게 아니라
욕구 수준을 낮추어라.

— 아리스토텔레스(Aristoteles) —

Tip 26 | 상속세 납부할 재원 마련하기

피상속인의 상속재산이 대부분 부동산으로 구성되어 있어 상속인이 거액의 상속세를 납부할 재원이 없는 경우에 대부분 상속인은 연부연납신청을 하고 금융기관 등에서 대출받아 납부하거나 상속받은 재산을 급매하든지 당해 부동산을 물납하여야 한다.

상속재산을 물납하는 경우에는 재산평가금액이 기준시가로 평가되므로 시가에 미치지 못하여 손해를 보는 사례가 많다.

급매하는 경우에도 시세보다 싸게 팔게 되고 금융기관 등의 대출을 이용하더라도 이자 부담 때문에 상속재산을 처분하게 된다.

그러므로 상속인들이 상속세 납부할 재원을 마련할 수 있도록 피상속인이 생전에 생명보험 등에 가입하여 보험금을 상속하거나 상속세를 납부할 수 있는 정도의 예금을 상속재산으로 남기는 것이 피상속인이 물려준 상속재산을 유지하는 방법이 된다.

 재능을 갖고 태어난 사람은
그 재능을 발휘하면서 가장 큰 행복을 느낀다.

― 괴테(Goethe) ―

Tip 27 상속세는 기한 내에 반드시 신고한다

상속으로 인하여 재산을 취득한 상속인은 상속개시일이 속하는 달의 말일부터 6개월 이내에 상속세를 신고해야 하며, 동 기간 내에 상속세를 신고하면 납부할 세금의 10%를 공제해 준다.

만약 상속세를 신고하여야 할 자가 신고하지 아니한 경우에는 내야 할 세금의 20%(또는 40%), 신고하여야 할 금액에 미달하게 신고한 경우에는 내야 할 세금의 10%(또는 40%)에 상당하는 가산세를 물어야 한다.

또한, 납부할 세금을 납부하지 아니하였거나 납부하여야 할 세금에 미달하게 납부한 때에는 납부하지 아니한 기간에 1일 0.03%를 곱한 금액을 추가로 내야 한다.

 꿈은 영원한 기쁨이자,
부동산만큼이나 확실한 재산이며,
결코 다 써버릴 수 없는 재산이고
해가 갈수록 활력을 주는 행운이다.

— 로버트 루이스 스티븐슨(Robert Louis Stevenson) —

많은 사람은

진정한 행복이 무엇인지 잘 모르고 있다.

행복은

자기만족에서 얻어지는 것이 아니라,

가치 있는 일에

충실할 때 얻어지는 것이다.

— 헬렌 켈러(Helen Keller) —

제 3 장

상속세 사례분석

반드시 이겨야 하는 건 아니지만,
진실할 필요는 있다.
반드시 성공해야 하는 건 아니지만,
소신 있게 살아야 할 필요는 있다.

— 토마스 스코트 —

Ⅰ. 상속세 상담사례

사례 1 할아버지 유산을 손자에게 상속하는 것이 좋은 경우

87세인 할아버지가 남기는 상속재산은 금융재산인 예금 3억원과 거주하는 아파트의 평가액 7억6천만원이 있고, 가족은 상속인인 85세 할머니와 60세 아들과 손자 한 명이 있다.

할머니는 연세도 많으시고 아들은 사업에서 성공하여 100억원 정도의 재산을 모은 상태여서 할아버지 재산을 상속받아 재산을 더 늘릴 필요가 없다는 판단으로 할아버지 재산을 손자에게 상속하기로 하였다.

그러나 손자는 할아버지의 상속인이 아니므로 상속인인 할머니와 아들이 상속을 포기하는 방법과 할아버지가 손자에게 유증하는 방법 중 하나를 선택하여야 한다.

할머니와 아들이 할아버지의 재산을 상속하는 경우에는 배우자공제 5억원과 일괄공제 5억원, 금융재산상속공제 6,000만원을 받을 수 있으므로 상속세의 부담이 발생하지 않는다.

하지만 손자에게 유언상속을 하는 경우에는 상속인이 아니므로 상속공제를 받을 수 없다.

따라서 10억6,000만원에 대하여 상속세를 내야 하고 상속인인 아들을 건너뛰어 손자가 상속(유증)

받는 것이므로 30%의 세대생략할증세액이 가산된다.

이렇게 하면 손자가 상속받는 10억6,000만원에 대한 상속세 산출세액이 2억6,400만원이고, 세대생략할증세액 30% 7,920만원을 가산하고, 10%의 신고세액공제를 하면 3억888만원의 상속세를 부담하게 된다.

할아버지의 재산을 아들이 상속받아 손자에게 그대로 다시 상속하는 경우를 가정하면 50%의 높은 세율이 적용될 것이므로 10억6,000만원에 대한 상속세는 5억3,000만원이 산출되고 10%의 신고세액공제를 하더라도 4억7,700만원의 상속세를 부담하게 되므로 1억6,812만원의 상속세 절감 효과가 있다.

이처럼 아들의 재산이 많아 손자에게 상속하게 될 때 50%의 높은 세율의 상속세를 부담하게 될 것으로 예상되는 경우 세대생략할증세액을 부담하

더라도 할아버지의 유산을 손자에게 물려주는 것이
좋다.

 좋아하는 일을
직업으로 삼아라.
그럼 평생 동안 억지로 일할 필요가 없다.

—중국 속담—

사례 2 　 사전증여하여 상속세 줄이기

　승롱 소유의 재산을 사전에 배우자나 자녀에게 증여하면 상속재산이 줄어들어 상속세 부담이 줄어들면서 증여공제 범위 내에서는 증여세 부담도 없다.

　그러나 사전증여를 하면 증여세가 과세되고, 상속인에게 10년 이내에 증여한 재산은 상속재산에 포함시키기 때문에 증여재산의 가치 상승분을 제외하고는 증여의 효과가 없다.

　그러므로 상속세를 줄이기 위해서는 미리 증여하여 증여 후 10년 이상이 지나 상속이 이루어진다면 좋을 것이다.

「상속세 및 증여세법」에서는 배우자에게 증여하는 경우에는 6억원의 배우자공제를 하고, 부모가 자녀에게 증여하는 경우에는 5천만원(미성년 자녀인 경우 2천만원)의 증여공제를 한다.

따라서 배우자에게는 6억원, 자녀에게는 5천만원(미성년자인 경우에는 2천만원)의 범위 내에서 미리 증여하면 증여세를 내지 않고서도 상속세를 줄일 수 있다.

다만, 상속일로부터 10년 이내에 피상속인이 상속인에게 증여한 재산의 가액은 상속재산에 가산하므로 증여의 효과가 없으므로 상속세를 절세하기 위해서는 미래의 가치 상승이 높게 예상되는 부동산이나 주식 등을 사전 증여하는 것이 좋다.

예를 들어, 50억원의 재산을 가지고 있으면서 배우자와 자녀 2인이 있는 경우 사망하기 10년 이전에 자녀에게 각각 5억원을 증여하고 증여세를 8천만원씩 1억6천만원을 냈다면, 상속세 과세표준은 상속재산 40억원 − 배우자공제 5억원 − 일괄공제 5억원 = 30억원으로 상속세 산출세액이 10억4천만원이 된다.

그런데 증여일로부터 10년 이내에 사망했다면 상속세 과세표준은 상속재산 40억원 + 증여재산 10억원 − 배우자공제 5억원 − 일괄공제 5억원 = 40억원으로 산출세액이 15억4천만원이 되어 증여하지 않은 경우와 같다.

상속재산이 많은데 상속세를 적게 내기 위한 목적으로 증여할 예정이라면 가능한 한 미리 증여하는 것이 좋다.

증여 후 10년이 경과되어 상속재산에 가산되지 않도록 하여야 상속세 절감 효과를 볼 수 있으며 동시에 재산가치의 상승으로 인한 상속세 절감 효과를 덤으로 얻을 수 있다.

배우자상속공제 최대한 활용하기

아버지와 어머니 아들 하나 딸 하나 이렇게 넷이 한가족이다.

아버지가 돌아가셔서 재산 상속을 해야 하는데 어머니도 연로하셔서 어머니에게 재산을 상속하면 얼마 후 재상속이 될 수 있을 것 같은데 어떻게 해야 할지 고민이다.

상속재산이 10억원 이하인 경우에는 배우자와 자녀가 있으므로 상속공제액에 미달하여 상속세가 과세되지 않으므로 어머니에게 상속하지 않더라도 상속세 문제가 생기지 않고 어머니가 상속을 받고 또 재상속이 된다면 취득세만 이중으로 부담하는 결과가 생길 수 있으므로 자녀들에게만 상속하는 것이 좋다.

그러나 상속재산이 많아 상속세가 과세되는 경우에는 배우자에게 상속하는 경우와 그렇지 않은 경우에 있어서 상속세의 차이가 크다.

그러므로 피상속인의 배우자가 있는 경우에는 배우자에게 「민법」상 상속지분을 상속하면 절세할 수 있다.

왜냐하면, 배우자상속공제는 「민법」상 상속지분을 한도로 배우자가 실제 상속받은 금액을 상속세 과세가액에서 공제하기 때문이다.

다만, 그 금액은 상속재산의 가액에 「민법」 제1009조에 따른 배우자의 법정상속분을 곱하여 계산한 금액에서 「상속세 및 증여세법」 제13조에 따라 상속재산에 가산한 증여재산 중 배우자에게 증여한 재산에 대한 과세표준을 차감한 금액을 한도로 그 금액이 30억원을 초과하는 경우에는 30억원을 한도로 한다.

배우자상속공제를 받기 위해서는 상속재산을 분할(등기·등록을 필요로 하는 경우에는 그 절차를 마쳐야 함)하여 상속세 결정기한(신고기한으로부터 6월)까지 반드시 배우자의 상속재산을 등기·등록을 하여야 한다.

❏ 배우자 상속공제 비교

구 분	상속받은 재산 미등기	상속받은 재산 등기
총 상 속 재 산	50억원	50억원
배우자가 상속받은 재산	20억원	20억원
민법상 배우자 상속지분	1.5/3.5	1.5/3.5
배 우 자 상 속 공 제	5억원	20억원
일 괄 공 제	5억원	5억원
과 세 표 준	40억원	25억원
산 출 세 액	15억 4천만원	8억 4천만원

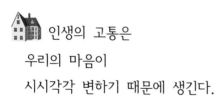 인생의 고통은
우리의 마음이
시시각각 변하기 때문에 생긴다.

— 마르셀 프루스트(Marcel Proust) —

사례 4 — 부모님이 중병으로 병원비가 많이 발생하는 경우

부모님이 중병에 걸려 장기간 입원한 경우에는 병원비도 상당히 많은 금액이 든다.

이런 경우 많은 사람이 부모님 명의의 예금 잔액이 있더라도 자녀들의 돈으로 병원비를 납부하는 경우가 있다.

이런 경우에는 상속세 측면에서는 전혀 도움이 안 된다. 그러므로 부모님의 병원비는 돌아가시기 전에 내야 하는 경우에는 부모님의 예금에서 인출하여 내거나 돌아가시고 난 후에 내는 것이 좋다.

왜냐하면, 피상속인의 예금으로 병원비를 납부하면 그만큼 상속재산이 감소하므로 감소한 분에 대한 세금만큼 적게 낼 수 있고, 피상속인이 돌아가

실 때까지 내지 못한 병원비는 채무로서 공제받을
수 있기 때문이다.

❏ 병원비 부담 주체에 따른 비교

구 분	자녀 예금으로 납부	부모님 예금으로 납부
피상속인의 재산	30억원	30억원
병원비(채무)		2억원
상 속 재 산	30억원	28억원
상 속 공 제	10억원	10억원
과 세 표 준	20억원	18억원
산 출 세 액	6억4천만원	5억6천만원

 그 일을 할 수 없다고 말했던 사람은
누군가 그 일을 할 때
방해하지 말아야 한다.

―중국 속담―

사례 5 사망하기 2년 이내에 재산을 처분하거나 예금을 인출

정민과 선민은 상속세가 상속개시 당시 피상속인이 소유하고 있는 재산을 상속하는 경우에만 내는 것으로 알고 있다.

「상속세 및 증여세법」에서는 상속개시 전에 재산을 처분하여 과세자료가 드러나지 않는 현금으로 상속인에게 증여하거나 상속함으로써 상속세를 부당하게 감소시키는 것을 방지하기 위하여 피상속인의 재산을 처분하여 받거나 피상속인의 예금에서 인출한 금액이 재산종류별로 구분하여 상속개시 전 1년 이내에 2억원 이상이거나 2년 이내에 5억원 이상인 경우로서 용도가 객관적으로 명백하지 아니한 경우에는 이를 상속인이 상속받은 재산으로 추정한다.

이 경우 2억원 이상인지 아닌지는 부동산의 경우 총매매대금을 기준으로 판단하고, 예금의 경우는 피상속인의 예금계좌에서 인출된 금액의 합계액에서 피상속인의 예금계좌에 재 입금된 금액을 차감한 금액을 기준으로 판단하되, 예금계좌가 여러 개인 경우에는 이를 합산한다.

그러나 피상속인이 상속개시 전에 처분한 재산의 사용처를 상속인이 정확하게 밝히는 것은 현실적으로 매우 어렵다.

그래서 「상속세 및 증여세법」에서는 소명하지 못한 금액 전부를 상속재산으로 보는 것이 아니라 사용처 미소명 금액에서 처분재산가액의 20%와 2억원 중 적은 금액을 차감한 금액을 상속세 과세가액에 산입한다.

사례 6 — 유언증서를 작성하여 절세하기

홍 선생님께서 최근 건강진단 결과 폐암 판정을 받으셨다.

배우자와 2남 1녀의 자녀가 있는 선생님은 상속에 대한 아무런 준비를 못 하셨기에 걱정이 되었고 폐암 치료를 하기 위하여 입원하여 수술하면 어떤 상황이 생길지 몰라 불안해하였다.

그러면서 홍 선생님은 세무사 사무실에 방문하여 배우자의 안정된 노후생활을 보장하면서 최대한 절세가 가능한 방법을 알려달라고 하셨다.

세무사는 홍 선생님 소유의 재산현황을 파악하였다.

홍 선생님의 자양동에 있는 단독주택 5억원(공시가격), 이천시 창전동 상가 10억원(기준시가), 이천시 부발읍 산촌리 전(田) 2억원(공시지가), 이천시 부발읍 신하리 전(田) 2억원 등의 부동산과 은행 등에 예금되어 있는 5억원 정도의 금융재산이 있는 것으로 확인되었다.

세무사는 총재산가액이 24억원이므로 상속공제를 최대한 받을 수 있게 하려고 배우자에게 단독주택 5억원과 금융재산 5억원을 상속하고, 상가는 장남과 장녀에게 각각 2분의 1, 차남은 이천시 부동산을 상속하는 것으로 하여 유언증서를 작성하도록 조언하였다.

유언증서대로 한다면 상속인 모두 「민법」상 유류분 권리를 초과하여 상속한 결과이므로 상속인들 간 다툼이 생길 이유가 전혀 없이 상속이 이루어질 수 있다.

또한 배우자공제(24억원 × 1.5/4.5) 8억원, 금융재산공제(5억원 × 20%) 1억원, 일괄공제 5억원, 합계 14억원의 상속공제를 받게 되어 상속세 과세표준 10억원에 대한 산출세액이 2.4억원으로 2.16억원이 부담예상액으로 계산된다.

 쉬운 일만 좋아하는 사람은
어려움에 직면할 것이다.
어려운 일을 좋아하는 사람은
성공할 것이다.

— 중국 속담 —

❏ 유언증서에 유무에 따른 비교

구 분	유언증서에 의한 상속을 한 경우	배우자공제를 고려하지 않고 협의 분할한 경우
총 재 산 가 액	24억원	24억원
배 우 자 공 제	8억원	5억원
일 괄 공 제	5억원	5억원
금융재산공제	1억원	1억원
상속공제합계	14억원	11억원
과 세 표 준	10억원	13억원
세 율	30%	40%
산 출 세 액	2.4억원	3.6억원
신고세액공제	0.24억원	0.36억원
납 부 할 세 액	2.16억원	3.24억원

배우자공제를 고려하지 않고 자녀들에게 법정 상속지분보다 많은 재산을 협의 분할하여 상속할 경우 홍 선생님의 상속세 과세가액은 40% 세율 적용구간에 있었다.

홍 선생님께서는 상담을 바탕으로 유언증서를 작성한 결과, 배우자공제액 차액이 3억원으로 1.08억원의 상속세 절감 효과를 얻었다.

따라서 홍 선생님은 실제 상속세 부담예상액이 2.16억원이므로 상속되는 금융재산으로 상속세를 납부할 수 있고, 배우자에게 안정된 노후생활을 보장할 수 있는 금융재산을 줄 수 있어서 상담 결과에 대해 매우 만족해하시면서 편안한 마음으로 치료를 위하여 병원으로 향하셨다.

 가장 부유한 사람은
지금 가지고 있는 것에 만족하는 사람이다.

— 아일랜드 속담 —

유 언 증 서

본인 홍길동은 사후에 본인의 명의로 되어 있는 재산에 대하여 다음과 같이 유언한다.

1. 처 현명한에게는 서울 광진구 자양동 590-39(대지 165㎡, 건물 380.77㎡) 주택 1동과 경기도 이천시 부발읍 신하리 410-1 전세보증금을 상속한다.
2. 처 현명한에게는 저축은행, 국민은행, 농협은행, 산업은행, NH투자증권, 하나대투증권, 농협조합원 출자금 등 금융자산을 상속한다.
3. 경기도 이천시 창전동 450-6(토지 500.4㎡, 건물 160.2㎡) 상가는 장남 홍서준과 장녀 홍서현에게 각각 2분의 1 지분을 상속하되, 상속하는 부동산의 모든 관리권은 처 현명한 사망 시까지 처 현명한에게 있으며, 이 부동산에서 발생하는 월세수입은 처 현명한의 생활비로 사용토록 한다. 단, 처 현명한 생존시 불가피한 사정으로 위 상가를 매각 등을 할 수 밖에 없어서 처분할 때는 처 현명한의 동의가 있어야 하며, 장남 홍서준과 장녀 홍서현은 양도대금 중 세금 등 비용을 공제한 금액 중 각각 3분의 1을 처 현명한에게 지급하여야 한다.

4. 차남 홍서언에게는 경기도 이천시 부발읍 산촌리 408번지
   전 3,582㎡, 경기도 이천시 부발읍 산하리 406-2 전 782
   ㎡를 상속한다.

5. 상속받은 부동산의 세입자에게 반환할 보증금은 당해 부
   동산을 상속받은 자가 부담하며, 상속세는 각각의 상속
   지분별로 부담한다.

6. 장남, 차남, 장녀 등은 협조하여 어머니에게 효도를 다하
   며 형제간에 화목할 것을 바란다.

위 취지의 유언자 구술을 증인 임승룡이 필기한 후 유언자
에게 낭독해 준바, 모든 필기가 정확함을 인정하고 2부를 사
본하여 두기로 하였다.

이 유언집행자로 서울시 강남구 역삼동 824-11 한라클래식
202호 임승룡 세무사를 지정한다.

작성일자   2015년 8월 12일 15시～15시 30분

유언자   서울 광진구 자양동 590-39
홍 길 동(400107-1××××××) (서명 및 날인)

증   인   서울 강남구 역삼동 824-11
임 승 룡(590924-1××××××) (서명 및 날인)

증   인   서울 송파구 신천동 7
신 혜 경(660115-2××××××) (서명 및 날인)

Ⅱ. 상속세 조사에서 추징된 사례

사례 1   상속재산 신고 누락

① 10년 이내에 상속인에게 사전 증여한 금융자산을 신고 누락한 경우

② 가등기 또는 근저당을 담보로 한 채권을 상속 재산에서 누락하여 상속세를 신고한 경우

③ 해외에서 취득한 부동산을 상속재산에서 누락한 경우

④ 법인의 대표이사가 피상속인인 경우에 법인의 대표이사 가수금은 피상속인의 채권임에도 상속재산으로 신고하지 않은 경우

⑤ 배우자 및 자녀의 명의로 분산하여 관리한 피상속인의 차명 금융재산을 신고 누락한 경우

⑥ 상속개시 전 6개월 이내에 양도한 부동산 매매계약서상 금액을 실제보다 현저히 낮추어 시가로 신고한 경우

⑦ 임원의 명의로 차명 관리하던 주식을 피상속인의 명의로 환원하지 아니하고 상속재산으로 누락한 경우

⑧ 사업체를 운영하던 피상속인의 사업용 임차보증금 등 재산을 상속재산으로 누락한 경우

사례 2 ─ 사전증여재산 신고 누락

① 10년 이내에 피상속인이 상속인의 부동산 취득 자금을 증여하고 무신고한 경우

② 10년 이내에 피상속인이 상속인에게 현금 및 예금을 증여하고 무신고한 경우

③ 10년 이내에 피상속인이 상속인의 전세자금을 증여하고 무신고한 경우

④ 5년 이내에 피상속인이 상속인 외의 자에게 비상장주식을 증여하고 무신고한 경우

⑤ 상속개시일 전 피상속인의 예금을 인출하여 상속인의 금융기관 대출금을 변제하였음에도 사전증여재산으로 신고 누락한 경우

⑥ 유학 중인 손자에게 거액을 유학비로 송금하였
는데 상속일로부터 5년이 경과하지 않은 경우
⑦ 피상속인의 금융재산을 소액으로 분산 출금하여
상속인 등에게 현금으로 증여하고 상속재산으로
신고 누락한 경우

 성공에는
치밀한 준비가 선행되어야 한다.
준비 없이는 실패만 있을 뿐이다.

— 공자(孔子) —

사례 3 — 상속공제액 계산 오류

① 상속재산보다 사전 증여재산이 많은데 상속공제
를 상속재산을 한도로 하지 않은 경우

② 배우자상속공제가 「민법」상 상속지분의 한도를
초과한 경우

③ 배우자상속공제는 실제 상속받은 재산을 한도로
하는데 법정기한까지 소유권이전 등기·등록을
하지 않은 경우

사례 4 추정상속재산 등 기타

① 피상속인이 사망 2년 이내에 부동산을 담보로 대출받은 5억원 이상(사망 1년 이내는 2억원)의 차입금과 2년 이내에 부동산을 처분하고 받은 5억원 이상(사망 1년 이내는 2억원)의 매매대금의 사용처가 객관적으로 명백하지 아니한 경우

② 피상속인의 예금계좌에서 순인출한 금액이 사망 2년 이내에 5억원 이상(사망 1년 이내는 2억원)으로 사용처가 명확하지 않은 경우

③ 상속개시일 현재 피상속인이 명의신탁한 사실이 명백히 확인되는 재산이 있는 경우

④ 피상속인이 타인과 함께 합유등기한 부동산의 가액 중 피상속인의 몫에 상당하는 가액을 상속재산으로 신고하지 않은 경우

⑤ 상속개시일 현재 피상속인이 배당금, 무상주를 받을 권리가 있는데 상속재산으로 신고하지 않은 경우

 나는

돈에 붙잡혀 있는 사람,
돈을 걱정하며 사는 사람이
정말로 가난한 사람이라고 생각한다.

— 마더 테레사(Mother Teresa) —

부 록

가장 위대한 승리는
쓰러지지 않는 것이 아니라
쓰러질 때마다 다시 일어나는 것이다.

— 공자(孔子) —

※ 상속재산 조회방법

원스톱 서비스 사이트(www.gov30.go.kr)

(2015.6.30부터 시행)

　부친상을 당한 최모씨의 경우 아버지를 여의고 상심에 빠져 있는 그를 더 힘들게 한 것은 사망신고 이후 복잡한 상속재산 확인과 상속절차이다. 동 주민센터에서 사망신고를 하고, 구청 지적과에서 토지 소유관계를 확인했고, 또 세금 정보를 알기 위해 세무서를 찾았다.

　하지만 이제부터는 관할구청에서 사망신고를 할 때 상속재산 조회를 한꺼번에 신청하면 문자, 온라인, 우편으로 결과를 알려준다. 상속 준비를 위한 각종 상속재산 조회신청을 한 번에 처리하는 '안심상속' 원스톱 서비스가 6월 30일부터 전국에서 시행되고 있다.

　사망자의 금융거래, 토지, 자동차, 국민연금, 국세, 지방세 등 6종의 재산조회를 사망신고 시에 통합신청서 1장만 작성하면 은행별로 예금잔액까지 확인할 수 있다.

모르는 재산, 빚 없도록…… 상속재산 한 번에 확인

상속절차를 제대로 알고 있는 사람이 얼마나 될까?

부모님을, 가족을 잃은 아픔 속에서 잘 알지도 못하는 민원처리 절차를 감수해야 하는 국민의 불편을 줄이기 위해 행정자치부는 금융감독원, 국토교통부, 국세청, 국민연금관리공단, 자치단체 등 관계기관과 함께 행정정보공동이용망을 활용한 정보연계 시스템을 구축했다.

그렇게 태어난 것이 '안심상속' 원스톱 서비스. 금융감독원의 상속인 금융거래(금융자산·부채) 조회 서비스가 있었지만, 일부 지역에서만 안내되어 국민의 인지도와 이용도가 낮았다.

더 많은 국민이 알 수 있고, 특별히 별도의 방문이나 절차를 거치지 않고 원하는 정보를 얻을 수 있게 하려고 '안심상속' 서비스는 사망신고 시 담당 공무원이 먼저 안내해 주도록 매뉴얼화한 것이다.

※ 쉽게 알아보는 '안심상속' Q&A

Q. 통합신청 대상 상속재산은 어떠한 것들이 있나?

A. 총 6종으로 사망자의 금융재산, 토지소유, 자동차 소유, 국세 체납·납기미도래 고지세액·환급세액, 지방세 체납·납기미도래 고지세액, 국민연금 가입 유무이다.

Q. 금융재산 조회의 범위는?

A. 접수일 기준 피상속인 명의의 모든 금융 채권과 채무, 예금은 잔액(원금), 보험은 가입 여부, 투자상품은 예탁금 잔고 유무이다.

＊ 조회대상 기관 : 은행, 농협, 수협, 신협, 산림조합, 새마을금고, 상호저축은행, 보험회사, 증권회사, 자산운용사, 선물회사, 카드사, 리스사, 할부금융회사, 캐피탈, 은행연합회, 예금보험공사, 예탁결제원, 신용보증기금, 기술신용보증기금, 주택금융공사, 한국장학재단, 미소금융중앙재단, 한국자산관리공사, 우정사업본부, 종합금융회사, 대부업 신용정보 컨소시엄 가입 대부업체

Q. 어디에 신청하나?

A. 고인의 주민등록지에서 사망신고 접수를 담당하는 시
청이나 구청, 읍·면·동 주민센터 민원실의 가족관계
등록 담당공무원

Q. 꼭 사망신고를 할 때만 신청 가능한가?

A. 아니다. 사망신고 이후에도 따로 신청 가능하다. 다만,
사후신청은 2015년 6월 1일 이후 사망 신고 건부터
가능하며, 기간은 사망일이 속한 달의 말일부터 6개월
이내

Q. <안심상속> 신청 자격은?

A. 상속인과 상속인의 대리인, 상속인은 「민법」상 제1순
위 상속인인 사망자의 직계비속과 배우자이며, 1순위
가 없을 경우에 한하여 제2순위 상속인인 사망자의 직
계존속과 사망자의 배우자(「민법」 제1000조)

Q. 신청에 필요한 서류는?

A. 상속인이 신청할 경우 상속인 본인의 신분증(주민등록
증, 운전면허증, 여권). 대리인이 신청할 경우 상속인

의 신분증, 상속인의 위임장, 대리인의 본인 서명 사실
확인서(또는 인감증명서)

Q. 얼마 만에 결과를 알 수 있나?

A. 토지·지방세·자동차 정보는 7일 이내, 금융·국세
·국민연금 정보는 20일 이내

Q. 어떻게 알 수 있나?

A. 신청서에 기입한 '조회결과 확인방법'에 따라 안내. 토
지·지방세·자동차 정보는 문자·우편·방문 중에서
선택 가능하며, 금융거래(금융감독원)·국민연금(국민연
금관리공단) 정보는 각 기관의 홈페이지에서 확인하고
국세(국세청)는 홈택스 홈페이지에서 확인

---

* 제도 관련 문의처 :

　행정자치부 행정제도혁신과 ☎ 02)2100-4065

* 신청 관련 문의처 :

　시·구, 읍·면·동 가족관계등록담당

아무리 비옥한 들판도
경작하지 않으면
열매를 맺지 못한다.
배우지 않는 지성도
마찬가지이다.

— 키케로(Cicero) —

이 책을 내는 마음

오랫동안 국세청에서 근무하고 명예퇴직한 후 상속전
문 세무사로서 수많은 상속세 업무를 처리하면서 알게 된
사실은 국가 경제의 발전과 더불어 개인의 재산 규모가
커짐에 따라 과거 부유층들에게만 주로 있었던 상속 문제
가, 이제는 거주하던 주택(아파트) 등 부동산 가격의 상승
으로 재산 규모가 많이 늘어나 대부분 중산층도 상속세를
걱정해야 하는 상황이 되었다는 것이다.

상속세는 과세표준이 30억원 이상인 경우 최고세율인 50%가 적용되어 상속재산의 절반 정도를 세금으로 내야 한다.

그러므로 상속을 준비하지 않는다면 상속재산을 온전히 유지하기 어려운 경우가 생길 수도 있으므로 원만하고 이상적인 상속을 위해서는 상속전문 세무사의 도움이 절실히 요구되고 있는 게 현실이다.

그런데도 많은 사람이 상속을 위한 사전 준비는 재벌이나 고액 재산가들만이 하는 것으로 인식하고 대부분 상속 준비를 하지 않아 이로 인한 상속인들 간의 갈등과 이해 부족으로 상속재산을 평화롭게 협의분할하지 못하고 다투거나 소송하는 등 불행한 경우를 많이 볼 수 있었다.

그래서 성공적인 삶을 마무리하는 과정에서 피상속인은 상속인들에게 어떻게 재산을 물려주느냐가 굉장히 중요한 문제가 되고 있어 상속을 위한 사전 준비를 강조하면서 이상적인 상속을 위하여 필요한 내용을 정리하였으므로 도움이 되길 바란다.

이를 위하여 상속전문 세무사의 도움을 받아 합법적인 절세대책을 세우면서 상속준비하기를 조언하는데, 그 이유는 앞으로 많은 사람이 '상속'이라는 피할 수 없는 문제에 직면하기 때문이다.

　따라서 피상속인이 사망하기 전에 유언장을 작성하는 문제부터 사전에 얼마의 재산을 증여할 것인지 상속재산은 어떻게 나눌 것인지 전문가의 도움을 받아 준비하자.

　그리하여 궁극적으로 상속세를 절감하면서도 피상속인으로부터 물려받은 재산이 상속인들 모두의 삶에 보탬이 되고, 가족이 모두 만족스러운 삶을 살 수 있기를 간절히 바라는 마음을 담아 이 책을 펴낸다.

| 저자소개 |

세무사 임승룡

□ **개인 신상**
- 출생지 : 서울 강남구 청담동 5-7
- 학력 : 서울언북초등학교 졸업(1972년)
       수도여자사범대학교 부속중학교 졸업(1975년)
       동대문상업고등학교 졸업(1978년)
       (현재 청원고등학교로 교명 변경됨)
       단국대학교 경제학과 졸업(1986년)
- 1979년~2004년 세무서 및 국세청 근무
       서울지방국세청 감사관실, 조사국, 법인세과
       서울지방국세청 관내 세무서 법인세과, 조사과 등
- 2003년 제40회 세무사 자격시험 합격(재경부)
- 2004년 8월 31일 국세공무원 명예퇴직
- 2004년 9월~현재 「임승룡세무회계사무소」 운영

□ **수상 경력**
- 1991년 우수공무원으로 재정경제부장관상 수상
- 2002년 우수공무원으로 서울지방국세청장상 수상
- 2004년 우수공무원으로 국세청장상 수상
- 2010년 모범납세자로 서울지방국세청장상 수상
- 2011년 세정협조자로 서초세무서장상 수상
- 2012년 한국세무사회 공로상 수상

□ 주요 양력
- 2008년 5월 1일 서초세무서 납세자보호위원회 위원
- 2009년 4월 17일 역삼세무서 공평과세위원회 위원
- 2009년 9월 10일 중소기업청 중소기업자문위원회 위원
- 2010년 3월 22일 조세일보 선정 명품세무사 4호
- 2010년 5월 1일 서초세무서 납세자보호위원회 위원
- 2012년 5월 1일 삼성세무서 납세자권익존중위원회 위원
- 2013년 9월 9일 한국세무사회 법제위원회 위원
- 2013년 9월 17일 한국세무사회 업무정화조사위원회 위원
- 2014년 1월 2일 삼성세무서 보통징계위원회 위원
- 2015년 2월 23일 역삼세무서 국세심사위원회 위원
- 2015년 9월 21일 한국세무사회 지방세제도연구위원회 위원

준비된 상속

-27가지 상속세 절감의 지혜-

인쇄 | 2016년 1월 25일
발행 | 2016년 2월 2일

지은이 | 임승룡
표지디자인 | 노혜민
펴낸이 | 윤영만
펴낸곳 | 도서출판 서이원
주소 | 서울특별시 종로구 평창23길 27(평창동)
전화 | 02) 379-5134(010-2887-6013)
팩스 | 02) 379-5134
E-mail | samhorst@hanmail.net

ISBN 978-89-964592-5-5 03320
값 10,000원

이 도서의 국립중앙도서관 출판예정도서목록(CIP)은 서지정보유통지원시스템 홈페이지
(http://seoji.nl.go.kr)와 국가자료공동목록시스템(http://www.nl.go.kr/kolisnet)에서 이용하
실 수 있습니다.(CIP제어번호 : CIP2015034775)

피상속인의 건강 상태,
상속인 등의 변화를 고려하여
상속 플랜을 세우고,
상황의 변화에 따라 이를 수정함으로써
상속을 집행한 결과 상속세를 절감하고
상속재산이 상속인들의 행복한 삶에
이바지할 수 있도록
상속을 준비해야 한다.